**Bodo Heimann
Meeresleuchten**

Bodo Heimann

Meeresleuchten
Neue Gedichte

herausgegeben von Helmut Braun

© beim Autor,
für diese Ausgabe Verlag Ralf Liebe, Weilerswist, 2024

Titelbild: © Ursula Rieffert, Dünenweg zum Meer,
aus: Werke in Öl 1964-2006

Herstellung:
Rheinische Druck Weilerswist

Verlag Ralf Liebe
Kölner Str. 58
53919 Weilerswist
Tel.: 0 22 54/33 47
E-Mail: info@verlag-ralf-liebe.de
Internet: www.verlag-ralf-liebe.de

ISBN 978-3-948682-60-6
20.- Euro

Vorwort

Noch einmal hat der Dichter Bodo Heimann seine Schatztruhe geöffnet und lädt die Leser in seinen poetischen Kosmos ein. Die überraschende Vielfalt verblüfft und überzeugt. Es ist eine sehr eigene Stimme in der modernen Lyrik, aber ohne modischen Schnickschnack. Natürlich beherrscht er das dichterische Handwerk, ein hoher Reflektionsgrad besticht und die emotionale Zuwendung an das Publikum fehlt nicht.

Je älter der Mensch wird, desto klarer tritt die Kindheit und Jugend in das Gedächtnis ein. So finden sich in dieser Textsammlung eine Vielzahl an Gedichten, die aus dieser Lebenszeit des Dichters erzählen. Die ersten, prägenden zehn Lebensjahre in Schlesien in Nazideutschland, umsorgt und beschützt von den Frauen der Familie, der Mutter, den Tanten und unter der Sicherheit der Linden in Oswice, beim Spaziergang „Unter den Linden" in Ostberlin und letztendlich bei der Linde, die er für den Schutz seiner Kinder pflanzt.

Unser Dichter ist viel herumgekommen. Der Krieg zwingt zur Flucht, die nach Zwischenstationen im unzerstörten Wolfenbüttel endet. Er studiert Philosophie und Germanistik, promoviert in Freiburg. Währen seiner Lehrtätigkeit an Universitäten lernt er die weite Welt kennen mit Jahren in Indien und Kanada und ist bis zu seiner Emeritierung Dozent an der Albrechts-Universität in Kiel. Überhaupt gehört eine Vielzahl von Reisen in Deutschland, Polen, Frankreich, in baltischen Staaten und natürlich im Sehnsuchtsland der Deutschen, in Italien – „Bella Bellisima" - prägend zu seinem Leben. Und selbstverständlich erscheinen diese Reisen auch immer wieder in seinen poetischen Texten - und machen Lust seinen Spuren zu folgen.

Bodo Heimann ist ein „gebildeter" Dichter. Er kennt sich aus in der Geschichte, der Philosophie und der Literatur. So ruft er Goethe, Kafka, Trakl, Hölderlin und Rilke auf, beruft sich auf Daedalus, benennt Widukind und Freia, steht staunend vor dem Wienhäuser Tristanteppich, dessen Text er vorliest und ins heutige Deutsch überträgt, voller Begeisterung für das Liebespaar Tristan und Isolde.

Auch Spott, Komik und Ironie sind ihm nicht fremd, wenn er fragt: „...und nun erzählen Sie mal, / was macht denn die Literaturwissenschaft, / beschäftigt sie sich wieder / mit Literatur?" oder in der Hommage „Während", in der Wortspiel und gehobener Nonsens eine gelungene Mischung bilden.

Einmal habe er ein Gedicht im Traum geschrieben. Erwachend hat er es vergessen. Es war sein Bestes.

Der Poet Bodo Heimann schreibt immer gegen den Wind und gegen den Strom, er resümiert traurig „der biblische Gott ist nicht mehr zu retten" und ist sich sicher, das Beste ist Frieden.

„PAX RERUM OPTIMA". Es lohnt sich diese Gedichte zu lesen.

Helmut Braun

Der Pilot

Auf dem Rollfeld
starte ich am besten
gegen den Wind

Bei meinen Flügen
manövriere ich am besten
gegen den Wind

Um gut zu landen
setze ich zielgenau auf
gegen den Wind

Endstation

Ich werde die Welt
nicht mehr los.
sie vergisst sich
nicht so leicht
wie ein Traum.

Alles aussteigen

Ich werde das Wort
nicht mehr los,
Zone –
selbst jetzt noch, wo
alles vorbei ist

Advent

O komm, o komm, Emanuel,
singt die Gemeinde, während er auf der Kapnorte
Elbe Eins gerade passiert, bald muss er da sein, es ist
sechsuhrdreißig am Ersten Advent.

Kinder lachen noch nicht im Norddeutschen Rundfunk.
Das Nebelhorn tönt seinen Ort durch die Nacht.
An Schnee nicht zu denken, Regenschauer
und Sturmböen Windstärke acht.

Ungenau geht die Uhr der Natur, wie lange
wird sie noch halten, was man sich von ihr verspricht,
das könnte man die Möwen fragen, die wissen immer im Voraus,
was kommt,

doch es ist keine zu sehn.

Geschmacksfragen

Was Sie nicht sagen, Herr Dr. H.!
Benn und Brecht und manche meinen
die Dichter heute müssten sich
zwischen den beiden entscheiden,
aber Sie und dann auch noch Rilke,
modern, meinen Sie, Goethe sogar,
ja darf man den neuerdings wieder nennen,
in ihren Gedichten steht doch
mehr drin, als man erst meint,
aber nun kosten Sie diesen, ja
da staunen Sie, Würzburger Stein, Goethe
ließ ihn sich extra nach Weimar kommen,
der liebte die Frankenweine, den erdigen
Geschmack, man schmeckt eben doch
das Echte, das schätzt man ja auch
an Ihren Gedichten und nun erzählen Sie mal,
was macht denn die Literaturwissenschaft,
beschäftigt sie sich jetzt wieder
mit Literatur?

Verwandlungen

Wo dichtes Gestrüpp war, ist es licht und frei,
einladend offen liegt vor dir der See, befreit
von dem modrigen Holz in der Tiefe.
Ich habe aufgeräumt, weiter gemacht
das Werk, das wir zusammen begannen.
Das nasse Holz, das wir ans Licht brachten,
ist getrocknet, weg geräumt, aufgetürmt
sind die Äste, das abgestorbene Buschwerk.
Maiglöckchen breiten sich aus bis ans Ufer.
Zwischen Birken, Eichen und Ebereschen
steigt man hinein in den sich im Wasser
spiegelnden Himmel, wie ein Heidemoorsee
empfängt dich heimatlich anmutend Süßwasser,
blubbernd, wenn du hineingehst, anheimelnd
warm und erfrischend zugleich beim Schwimmen.
Viel Holz hab ich im Schuppen geschichtet,
viel im Kamin verbrannt, da staunst du,
wie viel Energie in dem alten Holz
gespeichert ist und flackernd verwandelnd
zu Licht und Wärme befreit wird,
knisternd und knackend mit sprühenden Funken.

Während
Hommage a Paul, Inge und Passignano

Während der Mond und ich sich im Wasser des Sees begegnen,
während Petra und Paul zu einem Gespräch abheben, bei dem auch
                        jenseits der Worte kommuniziert wird,
während in München ein Hofbräuhaus steht,
während Matthias die unvergesslichen Kurven hinauf und hinab fährt,
während Hans seinen Namen den Hähnen auszuleihen bereit ist,
                        solange sie krähen und Claus
versucht einen Signifikanten so zu verorten, dass das das unerreichbare
        Signifikat zum Ort wird, an dem wir die Aussicht genießen,
während Annette mit Jürgen diesseits und jenseits der Worte
                        kommuniziert,
während Petra mit Franz und Franziska den Gegenort sucht, wo wir
                        uns alle vertragen,
während Paul das unerreichbare Hofbräuhaus so lange verortet,
                        bis es zum Gegenort wird,
während Claus den Ort hinter dem Ort verortet, der von keinem
                        Signifikanten erreicht wird,
während die gute Erde und Inge sich unvergesslich vertragen,
während Petra und ich sich im Wasser des Sees begegnen,
während die unvergesslichen Kurven hinauf und hinab diesseits und
                        jenseits der Worte kommuniziert wird,
während Inge und der guten Erde gedankt wird,
während der Signifikant und das Signifikat sich im Wasser des Sees
                        begegnen,
während der Mond sich freuen würde, das unerreichbare Krähen der
                        Hähne zu hören,
während wir uns alle vertragen,
während die gute Erde den Himmel zu küssen scheint,
während wir anscheinend scheinbar diesseits und jenseits der Worte
                        fortwährend kommunizieren,

während das alles währt und fortwähren wird,
während ich mich fortwährend entferne,
während ich schreibe und es bewahrend bewähren will, obwohl ich
schon fort fahre,
während der Zug von Ort zu Ort gleitet,
während ich Zug um Zug dem Ort entgleite,
währt das Währende immer noch fortwährend fort.

Das Ende

Das Ende kündigt sich an
durch Kinder, die sich uns an-
schließen wollen, verloren
bereits Eltern und Haus

Kaum heimisch geworden
In dieser Gegend, schon
wieder gezwungen
zur Flucht

Ein Offizier, Vertreter
der feindlichen Macht,
überraschend menschlich und in Zivil,
nennt uns das Ultimatum, ein Uhr.

So genau
wollen wir es nicht nehmen,
vorläufig bleiben, versuchen,
Dokumente, die Verdacht auf uns lenken,

schnell zu verbrennen, mitnehmen
können wir nichts.
Das eigentlich Schlimme
steht noch bevor.

Rede des Daedalus von der Kanzel
des Flugzeugs herab, dass
man es schaffen kann

Meine Damen und Herren, ich heiße Sie
Herzlich willkommen zu dieser Flugschau.
Sie sehen, mit etwas Intelligenz, Intuition,
Tatkraft. Ausdauer, Augenmaß kann man
es schaffen. Ich habe es geschafft, Leute,
ich bin, der es geschafft hat, der Macher
des Machbaren. Glaubt nicht, es sei langweilig
nicht abzustürzen! Ein viel größeres Abenteuer
als das Scheitern ist das Gelingen. Ich glaub ihm
fast jedes Wort, dem Könner, dem Künstler,
dem klugen Erfinder, der seine Möglichkeiten kennt,
seine Fähigkeiten nicht überschätzt, die Risiken
abwägt. Er ist, der es schaffte. Er flog, er
stürzte nicht ab, er kam an. Abenteuerlicher
als das Scheitern ist das Gelingen, das seh ich
genauso, aber ein paar Zweifel habe ich doch,
ob zum Beispiel die kunstvolle Konstruktion der Kuh-
Attrappe für die Benutzer das reine Vergnügen war,
wenn ich mich in die Lage der attraktiven Königin
und des getäuschten Stiers versetze, hätte ich Vorbehalte.
Und was das Ergebnis betrifft der von der Natur
nicht vorgesehenen Genvermischung, die Kreatur
scheint der Menschheit kein Segen gewesen zu sein.
Am meisten überzeugt mich an dem großen Künstler,
was in seiner Rede nicht vorkommt:
Seine Freude an Frauen, sein Schmerz
um den gefallenen Sohn.

Damals in Oswitz

Damals
war dies ein beliebtes Ausflugslokal,
hier vorn und dort hinten standen Kolonaden,
der Tanzsaal hatte eine Tür zum Garten,
im Garten standen mehr Bäume,, Kastanien, Linden,
darunter Tische und Stühle, am Zaun entlang wuchs
                                      blauer Flieder
im Sommer gab es Gartenkonzerte, das war eine Stimmung,
man tanzte vielleicht auf einem Vulkan,
aber man tanzte.

Damals
tanzte auch Gerda Pietsch,
heute die einzige Deutsche in Osobowice,
sie kam jede Woche, sie half, wo sie konnte,
flott bei der Arbeit, abwaschen, Gläser spülen,
in der Mitte der Küche stand der große Herd,
                um den man herumgehen konnte,
                      brutzelte Oma die guten Gerichte,
Gerda hat ein gutes Gedächtnis, sie weiß genau,
wo Tante Berta wohnte mit ihrer Familie,
wo Friseur Bähr war, ach, Liesel Bähr, wo
das Café Porath, da gab es die Liebesknochen,
der Bäcker Rademacher, der Fahrradschuster Gerlach,
das Milchgeschäft Hinze, die Fleischerei Klotz,
auf dem Dominium drüben mussten im Kriege
die Polen arbeiten, damals unter den Deutschen,
später ging es andersherum, arbeiten musste man immer,
aber für wen, das war wichtig.

Damals
fuhr hier die Fähre über die Oder nach Kosel,
Onkel Helmut war dafür zuständig, Renate kassierte,
fünfzehn Pfennig für Erwachsene, Fahrräder fünfundzwanzig,
dort auf dem Nachbargrundstück stand das Bootshaus,
da konnte man Paddelboote mieten, man paddelte viel,
die Oder war sauber, man konnte drin schwimmen,
man schwamm irgendwie in der Strömung,
aber man schwamm.

Damals
stand an der Straßenbahn-Endstation der Kiosk von Thiel,
dort kauften wir Bonbons, das Schokoladengeschäft Makowski
war an der Ecke am Kirchweg, dort gab es Konfekt,
Thiel wohnte zur Miete bei uns, trug braune Uniform,
er wurde ein kleiner Führer, unter dem großen
Schillergarten-Schild am Gartentor brachte er seitwärts
Sein kleines Schild an: Deutsche Arbeitsfront,
er war scharf, meinte Oma, auf unseren Schillergarten
und hätte ihn gerne übernommen, man musste vorsichtig sein,
man durfte nicht alles sagen, was man dachte,
aber man hielt die Ohren steif.

Damals
gab es hier auch noch andere Lokale,
die Gaststätte Wiemann, da konnten Familien Kaffee kochen,
den Tannengarten besaß Onkel Willi, in Hoffmanns Garten
fuhren wir Karussell, dort stand auch der Eismann,
weiter draußen am Oswitzer Wald war Waidmanns Ruh.
Auf dem Denkmalplatz stand noch ein Denkmal, da waren
                                        die Jungvolk-Appelle,
das rote Haus hier war meine Schule, da stehen noch die Bänke,
hier zwischen den Bauerngärten beginnt der Kapellenweg,

komm mit, ich erkenne ihn wieder, zwischen zwei Reihen
        Birken führt er an Feldern und Storchenwiesen
                entlang bis zum Heiligenberg,
da oben steht die Kapelle, weit sei es, meinst du, aber
noch weiter waren die Wege nach Ransern
           zum Turm auf der Schwedenschanze,
man ging damals viel zu Fuß, auch die weiteren Wege,
aber man glaubte, es ginge
so immer weiter.

Breslau im Sonnenlicht

Die Universität finde ich wieder
aufs Schönste herausgeputzt,
die Gebäude geheilt, Aula
und Musiksaal mit Stuckornament
und funkelndem Blattgold geadelt.
Nach der Vorlesung sprechen mit mir
die Studentinnen und Studenten
fließend Deutsch und erhoffen sich
viel von Europa. Über Brücken
gehe ich, während sich in der Oder
die Sonne badet, zur Sandinsel
und Dominsel hinüber, besuche
Kirchen, die mir gleichzeitig
neu und vertraut erscheinen.
Die Plakate sprechen Polnisch.
Die Steine reden Deutsch

Ich fahre hinüber ins Scheitniger Viertel,
wo ein Super-Gau-Leiter in der belagerten
brennenden Stadt Frauen, Kinder und Greise
zwang, bei Granaten- und Bombenangriffen
Häuserreihen niederzulegen, ihm
Eine Startbahn zu bauen
in sein rettendes Nichts.
Ich wende mich ab
von gesichtslosen
Neubauten der Nachkriegszeit,
strebe wieder der Altstadt zu,
liebevoll rekonstruiert,
die Steine reden Polnisch.
aus Trümmern

gerettet, weiterer Menschengeschichte
zurück gewonnen. Ich glaube,
ich liebe sie mehr als früher.
Die Steine reden Polnisch.

Ich gehe mit Darek
über den Ring, rings
leuchten in lustigen Farben
die Bürgerhäuser, früher grau,
dann zerstört, nun schöner als je.
Das berühmte Rathaus fühlt sich
jung wie die Jugend ringsum.
Ich staune. Wie die Backsteine
im Streiflicht leuchten,
wie blank die Blinkerklinker
hervortreten, jeder Stein scheint
als Individuum mit den andern
zu wetteifern um die Schönheit
des Ganzen. Und Darek meint,
jetzt sehe auch er diese Stadt ganz neu,
Die Steine reden.

Amanita
Muscaria

Fliegenpilze
im Oswitzer Wald,
hast du sie berührt,
von ihnen gegessen,
du weißt, was das heißt,
was bloß Götter speist,
Amanita Muscaria,
verboten,
verboten,
verboten.

O die Muskauer
Tanten und Kusinen
waren zu ihrer Zeit
wahnsinnig
weich und weiß,
Götterspeis,
üppig wie
Zuckererbsen
in prallen
Schoten,
weiß und roten.

Linde in Oswitz

Im Kinderwagen unter der Linde sah er
das zwischen Blättern flirrende Sonnenlicht,
hörte Kuckuck rufen, roch Lindenblütenduft,
fühlte warme Luft über das Gesicht streichen,
schmeckte auf der Zunge den Gummigeschmack
des Schnullers, mit Honig versüßt, aber
nicht so warm wie die Milch der Mutter.
ihn täuschte man nicht, er spuckte ihn aus,
den Schnuller, wo war die Mutter, wo blieb sie.
Manchmal kam sie, sah in den Wagen hinein,
neigte sich zu ihm herunter, ihre Haare kitzelten,
er lachte und strampelte, sie sagte etwas,
er sagte auch etwas, was er ihr sagte, klang
so schön wie das, was die Mutter sagte,
er hätte gern weiter mit ihr geplappert, aber sie
verschwand schnell wieder. Er träumte vor sich hin,
stellte sich vor, wie es ist, wenn die Mutter da ist,
dachte Mamamamamama und Kuckuckuckuck,
ein rotbraunes Tier huschte auf einem Ast entlang,
genau über seinem Wagen, schaute ihn an
mit runden schwarzen Augen. Das Eichhörnchen
kam näher und zwinkerte. Er zwinkerte auch.
Das Eichhörnchen zwinkerte wieder. So
verstanden sie sich, dann huschte das Tierchen
weiter auf schwankendem Ast, sprang von dort
zum nächsten Baum hinüber. Er schaute
wieder Blätter an, hörte Bienensummen,
wurde müde von dem flimmernden Licht
und dem Geflirre zwischen den Zweigen
und träumte in einen Schlaf hinüber.
Eine Linde ist etwas, das duftet, etwas

wo es summt und von drüben der Kuckuck ruft,
etwas, in dem ein Eichhörnchen huscht,
wo ein Kind von einem Eichhörnchen beobachtet wird,
eine Linde ist etwas, wo manchmal die Mutter erscheint
und wo man einander etwas erzählt, was vielleicht
keiner von beiden versteht, aber was schön ist.

So so

Frau Herold hat sich feingemacht,
mit einer Brennschere das Haar gewellt,
ein schräges Plüschkleid angezogen,
ihren Granatschmuck angetan.

Mit dem Flederwisch wedelt sie
den Staub von den Bildern, putzt die Nippesfiguren
blank, die Schäfermädchen,
die nackte Nixe,

gleich kommt ihre Freundin
aus der Stadt, die Frau Palm.
So so, sagt Frau Rother, Palm
heißt die, interessant.

Der verlorene Bruder

Onkel Helmut bleibt dabei,
er kenne seinen Bruder, Willi
sei bei seinem letzten Urlaub
ganz anders gewesen, der hätte
im Osten Dinge gesehen, von denen
sein Blick sich nicht mehr erholen konnte,
er hätte etwas sagen wollen,
wofür er kein Wort hatte,
er wirkte, als wusste er schon,
dass er im weiten Russland
verlorenging.

Starke Strömung

Er habe die kommenden Helden der großen Nation
zu erziehen, jeder Satz ein Befehl, jeder Lehrer ein Führer,
jeder Führer ein Vorbild, er habe Deutschlands Zukunft vor sich,
der zündende Funke, das Feuer, der Fanatismus, der Glaube,
der Berge versetzt, leuchten sollen die Augen der Schüler,
über die Stunde hinaus müsse ein Lehrer begeistern,
hart, eindeutig, klare Sprache, klare Haltung, entschieden,
Fragen, die sitzen, die nur eine einzige Antwort dulden, nur die eine
Einzige richtige, kein Drumherum, kein Einerseitsandrerseits,
nur ein einziges klares unbarmherziges Entwederoder,
wer nicht für uns ist, ist gegen uns. Entschlossenheit.
Feuer und Flamme. Pfeffer im Arsch, klipp und klar,
zack zack, dalli dalli, Mann, wir brechen auf in ein neues
Jahrtausend und Sie machen einen Unterricht,
als wüssten Sie selber nicht, wo es langgeht.
Abwärts der Oder entlang, das Dröhnen des Schulrats
Im Ohr, das Rauschen des Stromes, die starke Strömung,
die Hölzer, die Kähne voll Kohle aus dem Schoß der Erde
herausgebrochen, zutage gefördert, um irgendwo
verheizt zu werden, unterwegs aus Oberschlesien,
wo er zur Welt kam, ein Kind war, zur Schule ging,
sein Lehrer ließ laut aus dem Buch vorlesen, ließ
der Reihe nach rechnen, was an der Tafel stand,
Zögern galt nicht, bei jedem Fehler setzte es Hiebe.
Wenn er die Oder jetzt abwärts triebe, wär alles eins,
nichts mehr zu erklären, nicht die anonyme Anzeige
gegen ihn, nicht seine Frauengeschichten, er
mit seinem Lebenswandel kein Vorbild der Jugend,
der Wichtigtuer, der Schulrat, der Spießer, die Rother,
wie alles forttreibt und wegreißt mit starker Strömung
und wie auch der große Strom bloß folgt der
unauffällig leisen Schwerkraft der Mutter Erde.

Es war einmal

Meine Mutter erzählte
mir Märchen zum Einschlafen.
Da tanzte eine Frau in glühenden Schuhen,
bis sie tot umfiel, zwei Mädchen schnitten sich selbst
Ferse und Zeh ab und bekamen von Tauben die Augen ausgepickt, Blut war im Schuh, ein abgehackter Finger
sprang einer Frau in den Schoß.
Draußen war Krieg und es gab
Konzentrationslager,
aber von denen durfte ich
damals nichts wissen.

Mutterkreuz

Meine tüchtige Großmutter
wurde mit dem Mutterkreuz
ausgezeichnet, sie hätte die Ehre
verdient wegen ihrer vier Kinder.
Jörgel ist zwar schon tot, aber
er wurde noch mitgezählt.

Gewitter 1945

Wir hausten unter dem Dach, damals
Flüchtlinge in einer Dachkammer,
es gab schwere Gewitter und meine Mutter
betete zu ihrem Gott. Ich aber

stellte mit vor, wie der wildgewordene
Donar mit seinem Bocksgespann kreuz
und quer über den Himmel fuhrwerkte
und seinen Hammer überall hinschmiss.

War er böse auf uns oder was?

Eine Flüchtlingsfrau

Sie habe Augen wie eine Polin,
doch sie sei keine Polin.
Sie spreche deutsch wie eine Polin,
habe einen Mund wie eine Polin,
Schultern und Arme wie eine Polin,
doch sie sei keine Polin.

Sie sei schön wie ein Engel,
doch sie sei keine Polin.
Sie sei so klug, süß und sanft
wie die Himmelskönigin,
doch sie sei keine Polin.
Sie sei eine Volksdeutsche.

Feuertaufe

Freiheit ist das Feuer,
ist der helle Schein,
sangen wir, als der Unterricht anfing,
im Schulhof sangen die Mädchen:
Flamme empor.

Lauter Brandstiftersongs,
schimpfte Großmutter
beim Mittagessen, die Nazis
erziehen sich ein Volk
von Brandstiftern.

Am Abend ist Jungvolk-
Appel auf dem Denkmalplatz,
da singen alle: Deutschland,
du wirst leuchtend stehn,
mögen wir auch untergehn.

Weihnachten 1940

Siegfried bekam einen Bomber
geschenkt, von seinem Vater
Auf Urlaub gebastelt: Und der Engel
sprach zu ihnen: Fürchtet euch nicht!
Ran an den Feind! Ran an den Feind!
Siehe, ich verkündige euch große Freude.
Bomben, Bomben,
Bomben auf Engelland.

Ran an den Feind! Ran an den Feind!
Inzwischen ist die Tante schon weiter
mit ihrer Weihnachtsgeschichte, Aber
Siegfried hat noch den Engel im Kopf.
Und das lustige Lied
vom Engelland.

Oder, mein Fluss

Gegen die Strömung die Quelle erreichen, Wasser der Kindheit
kosten, das Ungebärdige bannen, benennen das unhaltbar
Fließende, das war uns sein wird wie vor der Geburt,
Bedeutung von Klängen, die wir im Wasser des Schoßes
hörten, als wir irgendwann anfingen, um dann frei weiter
im Hellen zu wachsen, das man das Licht der Welt nannte.
Jetzt kenn ich dich, Gott steh mir bei. Schöpfung und was
wir davon in die Hand nahmen, gestorben, verdorben,
unwiederbringlich Schönes und Hässliches, das nie hätte sein dürfen.
Was davon wäre heraufzuholen ins Helle der Worte. Ein Garten
östlich der Oder, auch dort wurde die Welt benannt, als verstünde sie
sich von selbst. Namen, Worte wie Schall und Rauch über Wiesen haltlos
verdampfend, geeichte Augenblicke, aus denen man Häuser baute,
die Schöne, die Oder genannt wurde, schien uns verwandt wie
Großmutter, Mutter, Tanten, Kusinen, was wär unser Garten
und Haus ohne sie, zu ihr lernte ich gehen, an ihr entlang
durch die Wiesen zum Wald, die Wege nach Ransern
zum Aussichtsturm auf der Schwedenschanze, was hieß
Aussicht, was Schanze und Turm und wo waren die Schweden,
was hieß Weidmanns Ruh, wer war Weidmann und hat er
die Ruhe verdient, bei welchem Töten beginnt das Gewissen?
Hat Wasser Gewissen? Und bräuchte es dafür Worte
von Menschen, meine zum Beispiel, was heißt meine,
was wissen Worte von mir, die von weit her kommen
und nicht bei mir bleiben, in deren merkwürdigen Klängen
ich (was sie ich nennen) gegen die Strömung schwimme,
um sie an ihrer Quelle zu kosten, wo sie noch rein sind,
wie mich die Strömung reißt, durch Strudel schleudert,
an Dämmen entlang reibt und sich auch von Buhnen
nicht einfangen lässt. Überschwemmungen auskostet,
Schleusen und Wehre Stufe um Stufe jahrlang zwischen

Prallhang und Gleithang ins Ungewisse hinab, irgendwann
in die Meere und wieder rauf in die Wolken, Gravitationsfeldspiele,
was auftaucht, muss auch hinunter, was auffällt, scheint Zufall.
Wasser ballt sich um Erde. Die Welt lebt im Tropfen.

Nachts

Nachts fiel
mir im Traum
ein Gedicht ein,
das sich Vers um
Vers aufbauend
zu einem Turm
erhob. Ich
habe es
vergessen,
aber es war
eins meiner besten.

Der kleine Pimpf

Weil das Lied traurig war
und die Frau so schön sang,
musste er weinen.

Weil er Angst hatte, als er im finsteren
Keller eingesperrt wurde,
musste er sich schämen.

Und weil er nicht rechtzeitig
rauskam mit seiner Sprache, musste er
auch noch sto-stottern.

Muttersöhnchen,
sagte Rademacher. Aber
war das nicht jeder?

Er müsse noch viel an sich arbeiten.
Gelobt sei, was hart macht. Ein deutscher Junge
sei nicht so verpimpelt.

Wir

Ein Wort, ein Buch, ein Garten,
der Regen rauscht,
wir warten.

Die Tänzerin

Gelöst
die Bänder auf
und abgetan und ausgestiegen
aus den Hülsen andressierter Tortur, ausgezogen
die künstlichen Verbiegungen, die tippelnd auf Spitzen
vorgetäuschte Schwerelosigkeit, abgezirkelte Puppenallüre.

Barfuß tanzt sie über die warm um die Sonne tanzende Erde,
deren sprachlose Botschaften sie durch ihre Fußsohlen stark
in sich einströmen fühlt und frei übersetzt in ihre Sprache
Bewegung, alles ist Tanz in ihr und um sie, alles wird Tanz,
die Winde, Wellen und Wälder, die Wolken und Vögel, der Mond,
der Schwung der Planeten und Sterne, der große Rhythmus
der Galaxie, die ungesehenen Kreise der kleinen Atome.

Indessen stehen, fast warm noch von ihren Füßen,
verbogen von Positionen, Posituren, Pirouetten,
abgenutzt ihre Schuhe wie träumend
von abgelegter Bedeutung,
verlassen erkaltend
herum.

Antoinettenruh

Mit der Kantate im Wald zu singen, fingen sie an,
die Sommerfeste im Lechlumer Holz, es folgten
Sport und Spiele und abends der große Schulball
in allen Sälen des Waldrestaurants Antoinettenruh,
Chopin, Polonaise und Walzer und in der Pause
erhitzt vor die Tür hinaustretend mit seiner Partnerin
hörte man die Nachtigallen im Lechlumer Holz.

Verheiratet später wohnten wir dort
mit unserer Tochter, trafen am Abend
Musiklehrer Axenfeldt mit seiner Freundin,
Liebesperlen brachten sie mit, Imme hielt sie
geduldig in ihren Fäustchen, bis sie lieb, wie es hieß,
entschlummerte bei den Gesprächen von früher.
Wir waren die einzigen Gäste am anderen Morgen
beim Frühstück, leer war der Tanzsaal,
aber für Imme die Attraktion, ein Papagei auf der Stange
blickte ihr ins Gesicht und rief Nora.

Wie schön, dass wir da waren , ehe alles
    im Feuer versank
        von dem großen Muspilli.
mutwillig zerstört, heißt es, von Chaoten
vor einer Polit-Versammlung, es habe gebrannt wie Zunder,
die schönen Säle im Nu in Flammen.

Antoinettenruh gebe es noch, meint jetzt
ein Kollege in Wolfenbüttel, aber
er ist neu hier und hat keine Ahnung,
was es war, früher, und dass es
damals nicht in der Stadt lag, sondern
draußen am Waldrand, am Lechlumer Holz.

Unter den Linden, damals

Blieb ich stehen, sehen, hören, riechen:
Die Sonne zwischen den schattigen Zweigen,
die vor sich hin summenden Bienen, angesaugt
vom süßen Lindenblütengewölk.
bleiben, fühlen das Blätteratmen,
schmecken das Blütenaroma.

Mitten im fantastischen Frieden
geborgen auf dem stillgelegten Boulevard
der fast autofreien Hauptstadthälfte, wo Soldaten
der Volksarmee mit Minirockmädchen flirtend
ins Gespräch kommen, sonntags
beim Sonntagsbummel.

Meine Frau ist mit unserem amerikanischen Gästepaar
Ann und Bob diskutierend vorausgeschlendert,
die berühmte Mauer am Brandenburger Tor
auch von der östlichen Seite zu sehen,
wo russische Frauen Fotos schießen.

Wem werde ich später begreiflich machen
diesen Augenblick unter den Linden,
welche Worte werde ich finden,
wenn wir wieder drüben sitzen
bei Kempinski, draußen
im Kudammgelichter.

Gewitter 1945

Wir hausten unter dem Dach, damals
Flüchtlinge in einer Dachkammer,
es gab schwere Gewitter und meine Mutter
betete zu ihrem Gott. Ich aber

stellte mir vor, wie der wildgewordene
Donar mit seinem Bocksgespann kreuz
und quer über den Himmel fuhrwerkte
und seinen Hammer überall hinschmiss.

War er böse auf uns oder was?

Aufräumen

Die Dachhalle des Hauses
war wohl als Jägerklause gedacht.
Die Hirschgeweihe lass ich einstweilen hängen,
aber das Gewehr habe ich aus dem Haus gebracht,
die Munition dazu,
alles in den Schuppen eingeschlossen.
Hier wird nicht geschossen, Waidmanns Ruh,
alles hinten zum Angelzeug,
den Aschenbecher auch,
aus der Rauch.

Neuer Weg

Hier stand das Haus, dort hielt die Straßenbahn,
da war der Garten, hier der Haupteingang,
gleich in der Eingangshalle stand der Flügel,
an dem die Clara Schumann spielte, früher
war hier mal das Breymann'sche Institut,
was nach dem Kriege unser Schulheim wurde
(neu jetzt die Henriette Breymann-Straße),
Direktor war der Schriftsteller Hans Künkel,
er schrieb mit links, hatte den rechten Arm
im Krieg verloren, wollte Menschen bilden,
nie wieder Krieg, sagten die Lehrer, die
aus Russland kamen, Kriegsgefangenschaft,
nie wieder Militär, Befehl, Gehorsam,
jeder soll selber denken, forderte
Fritz Heuer, der das Schullied komponierte:
Neuer Weg, Künkel nahm aus seinem Buch
Comenius das Motto für den Balken
der Decke in der Eingangshalle: Alles
fließe von selbst, Gewalt sei fern den Dingen,
Freimaurer Hauke Kelsch hielt Vorlesungen
über den Untergang des Abendlandes,
sein eigenes Büchlein trug den Titel: Lasst
uns einen neuen Angang setzen. Hier
gab man den Zimmern schöne Namen: Fuchsbau,
Schwalbennest, Dach der Welt und Schauinsland,
im Sonnenheim war ich zur Probewoche,
im Glockensaal schlief ich das erste Jahr,
es war der Saal, vor dem im Innenhof
die große Glocke hing, die uns zum Wecken
und Frühstück, Mittag-, Abendessen tönte,
wir hatten Strohsäcke in unsern Betten,

Matratzen gab's, als wir ins Bienenhaus
umzogen, damals gab es neues Geld,
ich sparte hart für einen Zirkelkasten,
hier war die Turnhalle, wo ich am Reck
zum ersten Mal die Riesenfelge schaffte,
hier tanzten wir mit unsern Mädchen, spielten
Theater, an den warmen Sommertagen
stand weit die Flügeltür zum Garten offen,
der Nachbarraum hieß Ferner Osten, dort
jazzten wir In the Mood, die Galerie,
die oben umlief um die halbe Halle, führte
zu Schlafsälen, Duschräumen und Toiletten,
vorn an der Straßenseite war der Esssaal,
dort hing das große Sonnenblumenbild,
wir sangen, eh wir uns zum Essen setzten,
neben dem Esssaal war der Schweigeraum,
mein Lieblingsraum, hier war die Bibliothek,
da stand der beste Flügel, ich gehörte
zu den wenigen, die darauf spielen durften,
die Hauskonzerte, von Fritz Axenfeldt
geleitet und von ihm begleitet sang ich
die Lieder von Bach, Mozart, Beethoven,
von Schubert, Schumann, Brahms und Hugo Wolf,
hier machten wir die neue Schülerzeitung
von Zeit zu Zeit, meist unter Zeitdruck, nachts,
die Zeitung hieß natürlich: Neuer Weg.

Was bleibt

Reisende Zeitgenossen
haben aus Ostpreußen Dias
mitgebracht, die Stadt ihrer Kindheit
sei heute kaum wiederzuerkennen, sagt H.R.
über Tilsit. Auch ich

bin in einer Stadt meiner Kindheit
gewesen, auch sie kaum wiederzuerkennen,
nein, ich meine nicht Breslau, sondern
Wolfenbüttel. Hier stand

mein Schulheim, wo
ich tanke, hinter der Tankstelle suche ich
die Bäume des Gartens, wo wir spielten,
auf meiner Tankstellenquittung lese ich
Neuer Weg 37, meine Adresse, damals.

Ouwe war sint verswunden alliu miniu jar.
Der durch sie hindurchging, der Wind macht mir klar,
dass wir nicht sehr verlässlich zu Haus sind
in der gedeuteten Welt.

Sirenen

Welcher mit törichtem Herzen hinanfährt und der Sirenen
Stimme lauscht, dem werden zuhause nimmer die Gattin
und unmündige Kinder mit freudigem Gruße begegnen,
denn es bezaubert ihn der helle Klang der Sirenen,
die auf der Wiese sitzen von aufgehäuftem Gebeine
modernder Menschen umringt und ausgetrockneten Häuten,

die Straßenbahnen bleiben stehen,

aber du steure vorbei und verklebe die Ohren der Freunde,

die Menschen rennen in den nächsten Keller,

doch willst du selber sie hören,
siehe, dann binde man dich an Händen und Füßen im Schiffe
aufrecht stehend am Maste,

meine Mutter reißt mich aus dem Schlaf,

dass du den holden Gesang der zwei Sirenen vernehmest,

ich nehme mein Köfferchen mit meinen Kostbarkeiten,

plötzlich ruhte der Wind.

Die gemeldeten Bomberverbände befinden sich im Anflug.

Den Raum Hannover Braunschweig hörte ich nennen, lange
ehe wir in diese zerstörten Städte verschlagen wurden.

Mit aufgerissenen Augen
in die plötzliche Stille
horchen.

WIR / KOMMEN / WIEDER

Bikini. Toll

Nachts im Sommer kamen wir
über die Grenze in den Westen
in ein Dorf am Elm. Toll,
was es hier gab, Tiere
in Ställen und auf Wiesen und
im Hof nebenan gab es Hille.

Hille vom Nachbarhof
war die erste in Evessen,
die im Bikini ging. Schön,
wie sie Tauben fütterte,
wie sie Pferde striegelte,
wie sie Stroh häckselte.

Auch auf den Feldern
beim Erbsenpflücken
ließ sie sich sehen. Geil,
sagte Hartmut und flachste,
Hille habe einen
Atom-Busen.

Wienhäuser Tristanteppich

Rosen ranken hinauf,
sagen: So schön war Isolde,
rote und weiße Rosen auf
hellem Grund von Golde.

Eichenlaub rankt herab,
sagt: Tristan war mutig,
sank liebeskrank ins Grab,
der Grund so rot, so blutig.

In Bogengängen hängen die Schilde,
das Adlerwappen vom Deutschen Reich,
Löwen von Braunschweig, von Frankreich Lilien,
Böhmen, Griechenland, Portugal, Ungarn,
Monteini, Bretagne und die drei Kronen
von König Artus: Illustre Versammlung.

Tristan tritt vor den König, er
will kämpfen gegen Morolt.

TRISTRAM DE BAT DEN KONINC
DAT HE MOOTE STRIDEN WEDER MOROLDE

Morolt von Irland fordert Zins.
Ich zahl's ihm heim, sagt Tristan.

DE KONINC SPRAC EC WILLE DE
LEVERE // GHEVEN MIN KONINCRIKE HALF

Der König sprach: ich gebe dir lieber
mein halbes Königreich.

Tristan winkt ab, er kehrt sich um,
steigt wortlos auf sein Pferd.

TRISTRAM DE KERDE SEC VMME
VENDE SETTE VPPE DAT PERT

Mit Rüstung Schwert und Lanze
auf seinem Pferd sitzt Tristan.

Mit seinem Pferd im Ruderboot
zur Insel rudert Tristan.

VUNDE STRIDDE //
AN DES KONIGES DANC

Zu Pferd mit Lanzen kämpfen sie,
zu Fuß danach mit Schwertern.
Von Morolts Lanze blutet Tristan,
von Tristans Schwert stirbt Morolt.

Im Boot zurück, zu Pferd eilt Tristan,
vergiftet von Morolts Lanze.

Im zweiten Bogengang Babylons Sultan,
Kastilien, Bosnien, Landsberg und England,
Alt-Schweden, Schotten und Hohenfels,
dann eins in der Reihe; das wir nicht kennen,
enger und weiter verwandt sind sie alle,
durch Blut und Besitz, durch Minne und Künste

DO QUAM HE VOR DEN KONINC
VUNDE CLAGHEDE DAT HE VERWUNDET WARE

Das Gift von Morolts Lanze kann
allein Isolde behandeln.

Allein im Schiff treibt Tristan
Nach Irland zu Isolde.

Ein Lebensbaum, ein Lindenbaum
zeigt an die Lebensrettung.

DO STEG HE VT EME SCEPE
DO STVNT HE VNDE VEDELEDE

Dem Schiff entstiegen, fiedelt Tristan
als fremder Spielmann vor der Burg.

DO QUAM VRV BRANIELE
VNDE TOCH ENE UP DE BORCH //

Isoldes Dienerin Brangäne
zieht ihn die Burg hinauf.

Und stellt ihn vor Isolde hin.
Isolde Goldhaar empfängt ihn.

Brangäne bringt die Salbe her.
Isolde Goldhaar heilt ihn.

DO STOT VRV BRANIELE VNDE HEL ENE
VRV ISALDE SALVEDE ENE

Mit vollem Segel übers Meer
kehrt Tristan heim nach Cornwall.

Der König empfängt ihn traumverstört,
ihm träumte von einer Schwalbe.

Ein Schwälblein flog quer durch den Saal
und ließ ein Goldhaar fallen.

Er hält das Goldhaar in der Hand
und will die Frau dazu haben.

Ich kenne diese Frau, sagt Tristan,
sie heißt Isolde Goldhaar.

So setz nochmal nach Irland über,
wirb mir als Braut Isolde.

Im dritten Bogengang Thüringen, Sachsen,
Bayern, die Pfalz und Lüneburg,
Österreich und das schöne Schlesien,
das große Pommern, das kleine Bruchhausen,
auch sie, versippt mit der großen Familie,
kennen Tristan, Isolde, die edlen Herzen.

Das Segel sturmzerfetzt, so kommt
Tristan erneut nach Irland.

Ein Drache fiel in Irland ein.
Tristan wird ihn besiegen.

Der Drache liegt in seinem Blut.
Tristan hat ihn erschlagen.

Die Zunge als Siegeszeichen schneidet
Tristan heraus dem Drachen.

Erschöpft vom Kampfe hingesunken
Im Schilf am Wasser liegt Tristan.

Im Schilf am Wasser finden ihn
Isolde und Brangäne.

Isolde nimmt ihn auf ihr Pferd,
setzt ihn vor sich und hält ihn fest.

Brangäne folgt, so reiten sie
zur Königsburg von Irland

Brangäne badet Tristan im Zuber,
Isolde macht eine Entdeckung.

DO BAADE SE ENE
VRV ISALDE HELT DAT SVERT

An Tristans Schwert entdeckt Isolde
eine Scharte, die ihr bekannt ist.

Von dieser Form der Splitter war,
den sie fand in Morolts Schädel.

Hoch hebt gegen Tristan im Bad das Schwert
Isolde. Und zögert, verwirrt,

Brangäne hilft, Isolde schwankt,
BANIELE / DVOCH ENE //

Morolt bleibt ungerächt, Tristan am Leben,
Tristan, Isolde und Brangäne sehn sich an,

Stolz kommt der Truchsess an als Drachenkämpfer,
schwenkt als Trophäe den Kopf des Drachen ohne Zunge.

Und fordert als verdienten Lohn Isolde.
Die lacht ihm ins Gesicht und zeigt die Zunge.

Isolde Goldhaar geht aufs Schiff,
mit Tristan übers Meer nach Cornwall.

Was kommen muß, kommt mit und ohne Trank,
Sie sind verloren, neu geboren, glücklich, krank.

Erschöpft von Liebe und von Glück betrunken,
sind sie in Liebestiefschlaf hingesunken.

Gefolge um sie her, es staunt die Welt.
Das Segel über ihnen windgeschwellt.

Brangäne hebt entsetzt den Goldkelch. Ach,
dies große Glück zieht Unglück nach.

Im letzten Bogengang Anhalt und
Rote Rose auf weißem Grund: Lippe,
Öttingen, Woldenberg, Wernigerode,
Eberstein, Henneberg, Rügen und Hohenberg.-
Was sind ihre Ränge, Ämter und Macht
Gegen Liebestage und Liebesnacht.

Eichenlaub rankt herab,
sagt: Tristan war mutig,
sank liebeskrank ins Grab,
der Grund so rot, so blutig.

Rosen ranken hinauf,
sagen: So schön war Isolde,
rote und weiße Rosen auf
hellem Grunde von Golde.

Berlin-Zehlendorf

Schlaftrunken
stehen wir auf, ziehen uns an
und verlassen das ruhige Haus
am Zinsweiler Weg.

Warm und nach Liebe riechend,
benommen von so viel Erde, schweben
wir in unserer Wolke um hohe Föhren
am Zinnowweg.

Weckrufe einzelner Vögel, früher
Gesang des Hausrotschwanzes, dann
überwältigt das vielstimmige Orgeln der Amseln
die Fischerhüttenstraße.

Kein Mensch, kein Auto, die Stadt
versinkt in den Fluten anschwellender Amselgesänge,
Eichkätzchen kommen, begleiten uns, huschen unseren Weg voraus
in die Potsdamer Straße.

Diese Weltstadt war unsere Welt,
wir tauften sie, eingetaucht in die Wellen von Amselflöten,
Hauptstadt der Liebe, wir zwei
am Teltower Damm.

Dass du aufgingst, heiße, mit deinem brennenden Leben
mich wärmende, dich nicht schonende Sonne und dass du
mein Leben aufblühen machtest im Mai
in der Gartenstraße.

Protokoll
über Kafka

Weg gleich Widerstand.
Der Einzelne abgetrennt.
Der Raum wuchert.

Ziel nicht zu erreichen,
die Unmöglichkeit bezeichnet
der Konjunktiv.

Unentwegt
Hommage à Meyer

Wieder die weißen Segel gespannt,
wieder hinüber zu anderem Land.

Unentwegt wieder angefangen,
wieder hart an den Wind gegangen.

Viel, das mich freut, viel, das mich reut.
Unwiederbringlich umfließt mich die Zeit.

Kreuzschlag um Kreuzsachlag, Wende um Wende
halte ich Kurs, doch zu welchem Ende.

Innerer Kreis

Grübeln, sprechen, hören,
das Gehörte zerstören.
Hören, grübeln, sprechen,
die Sprache zerbrechen.
Sprechen, hören, grübeln.

Kleiner Vorbehalt

Ich singe, natürlich
wie der Vogel singt,
aber bitte, nicht im Käfig
und nicht in diesem
Affenzoo!

Symbolik

Die Welt im Tropfen.
Steter Tropfen höhlt den Stein.
Erde im Eimer.

Nistplatz
Universum

Was verstehn Tauben
vom Dom, an dem sie nisten?
Was wir von der Welt?

Theodizee

Der Richter hält sich
beim anberaumten Prozess
tarnkappenbedeckt.

Die Todesstrafe,
die über uns verhängt ist,
will erst verdient sein.

Fliehkraft

Die Sterne bewegen
Sich von uns weg
Je weiter
Je schneller,

auseinander lebend,
vergleichen wir unsere Zeichen.

Campanula rupestris

Furchtlos
in großen Höhen beständig
aus Felsritzen hervordringend,
den kahlen Stein mit blauen Wunder-
glocken überblühend,

zerbrechlich schön,
Schutz suchend an unzugänglichen
Schluchten, grauen Granit-
vorsprüngen, bewohnend
Abgründe.

Gefunden in Wien

Johann Baptist Reiter

Mädchen mit Weinlaub
aber keine Bacchantin, sondern
die schlafende Venus
unscharf verdämmernd, aber
scharf sinnlich der Stoff.

Ferdinand Georg Waldmüller

Kinder armer Eltern
von der Gemeinde
Spittelberg am Michaelistag
mit Winterkleidern beteilt – 1857.

Viele Barfußkinder,
die Hunger und Kälte kennen,
aus Tonkrügen löffelnd
die Klostersuppe – 1858.

Uns, die heute Paläste bestaunen,
zeigt der Künstler die Armut
der sogenannten
guten alten Zeit.

Franz Eybl 1850

Ein lesendes Mädchen,
in der Linken das Buch,
die Rechte über der Brust,
die nackte Schulter
mit dünnem Goldkettchen
umschmeichelt
ergreifend innig
anmutig träumerisch
Geist Seele Leib
unzertrennlich
aufbewahrt
für alle Zeiten

Natur

Das hab ich seit meiner Kindheit
nicht mehr erlebt, so von Mücken
zerstochen zu werden, nun hab ich`s,
nun habt ihr`s, das wollten wir doch,
zurück zur Natur, hier gibt es sie reichlich,
die Mückennatur, das summende Leben,
ein Beißen und Stechen und
die Luft unsichtbar voll Pollenstaub,
dass die Nase kitzelt, ach
bleibt mir vom Leib mit euren
Mückensalben und Sprays,
dem ganzen Quatsch aus der Stadt,
wo sonst giert jemand so
nach meinem Blut, hier bin ich
nützlich, hier bin ich begehrt, hier
bin ich noch für die Natur
ein gefundenes Fressen.

Seestück

Am siebten Tag treff ich den ersten Menschen
auf dem See, der sonst menschenleer ist und den
ich schon als meinen betrachte. Ein Schuss
vom anderen Ufer.
Kreischend flattern Enten auf.
Ein Tuckern verstärkt sich, langsam
kommt hinter der grünen Insel hervor
im kleinen Boot ein grün gekleideter Mann
mit Jägerhut und sucht auf dem See seine Beute.
Hej grüß ich hinüber. Aye aye, grüßt er zurück,
entfernt sich langsam, verschwindet endlich.

Langsamer als sonst tauche ich ein
in den klaren Wasserspiegel,
schwimme weiter als sonst hinaus,
halte mich bei den weißen Seerosen auf,
für die der Grüne keinen Blick hatte.

Walzwerk

Erst war ich der Sensenmann, erst hab ich
die blühende Wiese gemäht, jetzt mach ich
im Haus mich über andere Blümchen her,
sie sprießen zu üppig auf den Tapeten.
Ich mach alles weiß, ich mach alles gleich,
ich deck alles zu, ich walz alles weiß,
blütenweiß steht auf der Farbverpackung,
aber mir erscheint es wie Schnee.

Weg zum Ufer

Jetzt ist der Trampelpfad frei
vom Haus zum Seeufer und zurück,
am großen Felsen vorbei zwischen
Eichen, Ahorn, Tannen und Kiefern,
die Äste einer großen Tanne
hab ich zurückgeschnitten, damit
man wie durch ein Tor hindurchgeht.
Hier könnte Rike gegangen sein, barfuß
Kienäpfel sammelnd und Reisig,
als Brennholz knapp war nach dem Krieg.
Ich stelle sie mir vor, wie sie über
die Blaubeerbüsche geht, süß und blau
sind die Beeren inzwischen, unverkennbar
der Weg für Eingeweihte.

Tier des Jahres

Die Legehenne
wurde mal Tier des Jahres.
Sie wusste es nicht, aber
ich wünsche ihr, dass sie es merkt,
wenn sie künftig herumläuft
im Licht der Welt,
auf Wiesen nach Würmern
und Körnern pickt
und ihre selbstgebrütete Kükenschar
mit dem neuen Hühnerleben
bekanntmacht.

Unsere Mutter

Die Vergöttlichung des Kosmos
richte sich gegen das Christentum,
der Glaube an die Mutter Erde
sei unvereinbar mit dem biblischen
Gott, sagte ein gewisser Kardinal.
Wir aber, die sich Sorgen machen
um unser aller Mutter, ahnten schon,
dass der biblische Gott,
nicht mehr zu retten ist.

Novembernacht

Glüh-
Würmchen
im November-
laub, wen lockst
du so spät leuchtend
an in dieser Sturmnacht!

Durch kahle Baumkronen tönt der gewaltige Wind,
der große Atem der Erde, die alten Götter
kehren zurück, Wotan, die wilde Jagd,
Wolken verwehn
Blitze.

Wie Widukind kämpfte, vergeblich damals, heute
erkenn ich euch wieder, wie der große Himmelsjäger
vor euch sich neigt, schief überm Land euch grüßt.

Holle, Freia, entfesselt,
liebesstöhnend, wetterleuchtend,
wie du im Sturme reitest,
wie du die Nacht erleuchtest,

wie du Kinder
vorausgeschickt hast, dir
Kränze mit Bändern zu hängen an Türen,
Brautkränze sollen es sein
für eine Hochzeitsnacht,
wie die Götter sie
dir noch schulden.

Schwedenhaus

Ein Haus der Freiheit, Schwalben
nisten hier beim Einzug, Schwalben
sind Zugvögel, frei, überall
im Norden und Süden, zugleich
in den Bauten und schon in den Wolken,
oben und unten zu Hause, Schwalben
lassen sich nicht in Käfigen halten,
niemand kann sie dressieren, Schwalben
tun was sie wollen, kommen und gehen
und sorgen treu für die Brut.

Freiheit, Gleichheit, Brüderlichkeit

Im 16. Arrondissement
ein strenges Bauwerk,
die Türen gewaltig
verschlossen, wer hier
gefangen ist, hat nichts
zu lachen, zu sagen,
lesen und schreiben
nur auf Kommando
singen und turnen
nur auf Befehl,
pünktlich täglich, davor
auf dem engen Trottoir
warten auf die Stunde
der Entlassung Angehörige
und Au pairs.

Schlüsselbundrasselnd
kommt die Concierge,
eine starke Frau,
und öffnet die Tür
den gesitteten Kindern,
die hier, wie es heißt,
für das Leben lernen.
Über dem großen Portal
in Stein gemeißelt:
Liberté, Egalité, Fraternité.

Meine Linde

Ich pflanzte eine Linde,
eine Sommerlinde, unter der
im Sommer die Kinder spielen.

Sie sollten es besser haben,
ohne Krieg, Flucht und Vertreibung
schön und stark werden wie die Linde.

Vor Mühen, Stürmen, Kämpfen
soll die blitzabwehrende heilige Linde
die Kinder schützen.

Stark von Natur, doch sanft und freundlich
schützt sie die Gemeinschaft und erfreut
mit ihrem Anblick Menschen und Götter.

Ein Bild von Friedrich Laubengeiger

In kabbelig weißaufgeschäumt blaugrüner See
ein lustiges Miteinander inmitten gegeneinander bewegter
Wellen übermütig vergnügter Kabbelei in umher schwappenden
Meerwasser spielende weiße Leiber – Meernymphen wären wir, meinst du,
warum nicht, wenn es dir Spaß macht, Badende nennt uns der Meister,
einfach natürlich, sonnig beisammen, einverständige Blicke
hinüber herüber, natürlich bewegt festgehalten, frei,
salzig leuchtet das Meer, salzig flimmert die Luft,
salzig schmeckt unsere Haut, alles ist köstlich.

März

Neue Runde, dem Winter entkommen,
dem Sommer entgegen, etwas wie Anfang,
ein Zeichen
erwartend.

Sonne, jetz einfach hinaus
Freunde besuchen, etwas wie Angang,
Schneefall, Sturm, Blitz, Donner wie schön,
sagst du beim Blick aus dem Fenster,
                  den Ausgang aufschiebend.
Diese Allesaufeinmalwetter,
wie es über die frischen Narzissen hinfährt,
Lebenszeichen
trotz alledem.

Eine TV-Einladung

Erleben Sie das einmalige Schauspiel
der Naturgewalten, die unbändige Kraft
der Zerstörung in ihrem ganzen Ausmaß,
Wirbelstürme, die Landflächen abrasieren,
Vulkane, die mit ihrer brodelnden Glut
in Jahrtausenden gewachsenes Leben
einfach ausradieren! Sehen Sie
diese unvergleichliche Zusammenstellung
von Katastrophen, denen der Mensch
nur noch mit Ohnmacht begegnen kann,
wenn er die Technik, die er selbst schuf,
nicht mehr beherrscht und mit ihr
in den Tod gerissen wird! Seien Sie dabei,
wenn menschliches Versagen hunderte
von nichtsahnenden Passagieren
in Lebensgefahr bringt.
Jetzt zum Kennenlernpreis.

Nachtigall

Nachts singt
in der Nachbarschaft
einer Nachtigall, aber nicht
im freien Gelände, sondern
in einem Hinterhof, ich glaube,
sie singt im Käfig, sie klingt so traurig,
sie weiß vielleicht mehr.

Eine Dichterin

Sie weckt das Lied, das in den Dingen schlief
und in den Menschen nach Befreiung rief.

Sie macht nicht viele Worte, wenn sie schreibt.
Sie weiß, was in und mit den Worten bleibt.

Und was sie sagt, ist, was man nicht vergisst,
das Einfache, das schwer zu machen ist.

Flower power

In Litauen sieht man viele Frauen mit Blumen.
Eure Männer, sage ich, scheinen
große Kavaliere zu sein.

Zweierlei, was du siehst und was du denkst,
sagt Birute, bei uns kaufen die Frauen
sich ihre Blumen selbst.

Fahrt durch die Nacht mit zwei Elfen

Neben mir sitzt eine Elfe, leicht zu erkennen an ihren
Elfenbeinen im Licht vorbei geraster Laternen.
Lächelnd schlummert auf dem Rücksitz die andere, aber
Elfenlichtblicke blitzten im Rückspiegel, als sie erwachte.

Bella Bellissima

Unbehelmt
im Bikini
und barfuß
kurvt sie
auf knatterndem Motorroller
durch die Gassen der Altstadt.
Frei wehen die Haare im Fahrtwind.

O bella Napoli –
Hier ist erlaubt, was gefällt.
In Deutschland würde Polizei einschreiten.

Schreie

Schreie einer jungen Frau
gellen in fremder Sprache
durch fremde Straßen
der fremden Stadt, weit
nach Mitternacht, Schreie,
von denen man aufwacht,
Schreie die jeder hört, Schreie,
denen jeder antworten müsste,
Schreie, die überall
widerhallen,
Schreie.
Endlich Sirenen.

Der große Zauberer
lässt die Jungfrau schweben

Abheben, schweben
im schwebenden All, außer sich
sein und zeit-
gleich heimkehren
in sich,
in die Welt,
ineinander,

sich preisgeben, sich
ineinander verbeißen,
bis zum Zerreißen
Proben bestehen,
wie Götter sie
ihren Lieblingen
ausdenken.

Menschenzauber,
Hochspannung,
Lebensgefahr.

Fliegenpilz

Fliegenpilz
im Zauberwald,
weiß und rot,
mach mich tot,
Hexenhut,
tut nicht gut,
rot und weiß,
mach mich heiß,
Elfenbrot,
mach mich rot
Götterspeis,
weich wie Quark,
mach mich stark,
kehr ich ein
ins Wunderreich,
tanze ich
mit Elfen gleich
wilde Tänze,
Wahnsinnstoben,
Wotans Töchter,
unten, oben,
rundherum
und überall,
süßer Schwall
und Knall
auf Fall
erschöpft,
geköpft,
zerstoben.

Ein Sänger

Er liebte, doch er mußte leider kämpfen.
ICH KLAGE DIR, MEIE, ICH KLAGE, SUMERWUNNE,
Du musst nicht trauern, doch trau nicht den Leuten,
misstrau Seiner Scheinheiligkeit dem Bischof,
er gönnt dir nicht das Ottmachauer Land,
ich gönn dir alles, aber dich nur mir.
Nimm diesen Kranz und sei heut Nacht mein Ritter.
Besuch mich, Sommerliebe, ich blüh offen,
doch nur für dich, du darst auf alles hoffen.
Nur dir zur Freude, Schöne, will ich heißen
Herzog von Breslau, Krakau, Sandomir.
Was ich erwerbe, leg ich dir zu Füßen.
Als Höchstes gilt mir dein vertrautes Grüßen.
Was er erkämpfte, hat er nicht behalten.
Von ihm blieb, was er schrieb. Dazu ein Bild.
Sein Wappentier der Adler, doch ein Glanz
Von Pfauenaugenfedern krönt die Helmzier,
gerüstet ist er, doch er naht sich freundlich,
entblößt den Kopf, auf den die Frauenblicke
mairegensonnig niederblitzen, blickt
hinauf, ergreift den ihm gereichten Kranz,
fühlt Anmut endlos auf sich niederregnen,
die Ewigkeit im Augenblick, dann Ende.
ICH KLAGE DIR, GRÜNER WALT, ICH KLAGE DIR, SUNNE.
Woher ich dieses alles weiß? Aus Heinrichs
und meinen Liedern, Walthers, Johann Wolfgangs.
Abschiede, die auf Tode vorbereiten,
haben wir aufbewahrt auf vielen Seiten.
IN LIEBEM WANE HABE ICH IR WOL IR HULDE.
Das ist nun lange her. Die Stadt versank
prasselnd in Feuermeeren, in den Fluten

der Oder spiegelten sich blutrot Gluten.
Und dass im Feuer wieder Frauen brannten.
IR ZARTER LIP DER MÖCHT′ ES NIT ERLIDEN.
PAX RERUM OPTIMA, das Beste Frieden.

Gefunden

Da hat er schon wieder etwas
entdeckt. Überm Portal

eines zerschossenen Hauses, grau,
verwittert: DIE LIEBE
IST KEN HIMMEL GEZOGEN. Fasziniert
entziffert, der uns alles zeigte: DIE Wahrheit

IST ÜBERS MEER GEFLOGEN. Unleserlich wird's,
ich mach weiter: DIE GERECHTIGKEIT

WART VÖRTRIEBEN, DIE UNTREU IST
BEIM MENSCHEN GEBLIEBEN.

Veröffentlichungen in Anthologien

Aus Euterpe Nr. 4, 1986

unsere kinder schützen
vor dem regen

vor der wiese
auf die der regen gefallen ist

vor dem wasser
das sich in der erde sammelt
auf die der regen gefallen ist

vor dem gemüse
das von dem wasser trinkt
das sich in der erde gesammelt hat
auf die der regen gefallen ist

vor der milch und dem fleische der tiere
die das gras fressen
das von dem wasser trinkt
das sich in der erde sammelt
auf die der regen gefallen ist

vor den sogenannten
verantwortlichen die
die verantwortung tragen
dafür dass man
angst haben muss

vor dem regen

vom tanz der schmetterlinge

zwei weiße schmetterlinge
tanzen um
einander
in der morgensonne

ich habe gut geschlafen und bin guter laune
ich halte den wagen an
beobachte mit den kindern
den hochzeitsflug

(so hätte ich's gern)

mitten im glück
brachte ich ihnen den tod
ich habe den wagen nicht angehalten
und hatte doch zeit und war guter laune

(war, ja das war ich)

die kinder haben sie nicht bemerkt: die schmetterlinge
die kinderkassette war an: hallo spencer
an einer waldlichtung
steigen wir aus

schlechten gewissens
beobachte ich mit den kleinen
einen kohlweißling
an brennnesselblüten

zwei unschrinbare fleckchen am kühlergrill
nur ich erkenne an ihnen noch immer
die reste von schmetterlings
glück

larvenspiel

aufmerksam
lauern die mückenlarven
am wasserspiegel als hingen sie daran
um nach rückwärts neugierig
blicke in die welt
zu wagen

still
genießen sie
die luft und das licht

schnell
wenn du herantritts
tauchen sie hinunter bis auf den grund
schreckvoll schon beim leisesten
schatten sind sie
verschwunden

Aus Euterpe Nr. 5, 1987

hölderlins turm

ein gleiches

die götter der alten umstehen ihn alle
(weiß arnim) wie nahende sterne
mit deren bewohnern er reden kann

denn er hat die natur in deren
anschauung diese gebilde entstanden
ebenso angeschaut

wie die alten
mythen
seher

trakls siebengesang

trakls siebengesang des todes
tönt in der eichenkrone
flattert
in blauen fetzen

im bürgerpark man
geht aus dem weg man
seinen weg immerhin
auf rotem kies unter welkem gras

der schwangeren frau am teich
kommt ein fetzen zugeflogen
sie fängt ihn auf sie wird
mit ihm das taufkleid schmücken

eichenwald

offen und licht
durchflutet
locker
lässt er die Sonne durch
seine starken kronen bis auf den boden
scheinen und wärmen

grasflächen breiten sich aus
kräuter farne beeren pilze gebüsch
hasel hollunder efeu und ilex
alles hat aussicht
auf seine art
schön zu wachsen

eichenwälder sind selten geworden

krüppelkiefern

bei uns
wachsen jetzt viele
krüppelkiefern

sie bleiben klein
und lassen nichts anderes
hochkommen

sie ärgern
sich über jeden
schön gewachsenen baum

Aus Euterpe Nr. 6, 1988

Ohne den guten Stern

Jemand, vielleicht einer,
der nachts seinen heimlichen
Krieg gegen oben führt, hat ihn
mir wieder geklaut, den
glänzenden Stern, vorne
von meinem Wagen.

Nun fahre ich wieder mal ohne,
getrieben von 90 Litern frisch
getanktem Superbenzin, das mir
unwiederbringlich verbrennend
die Leistung von 177 PS beschert
(wundertätiger Saft, den die gute Erde
hundert Millionen Jahre lang für
unser Jahrhundert aufgespart hat),

mit vielen anderen ähnlich starken
Wundermaschinen unterwegs zwischen
blühenden Rinderwiesen auf
einer der vielen
Rennbahnen unserer
heiligen Kühe

ohne den guten Stern

Wie die Fliegen

Gerade lese ich einen Artikel vom Sterben
der Robben, da schießt mir
im freien Fall etwas Kleines
schwarz auf das weiße Blatt,
eine Fliege, betäubt,
bewegungslos, vielleicht,
tot.

Gestern, fällt mir ein, war es
das Gleiche, was ist in der Luft
Tödliches, das ich nicht sehen
und riechen kann. Sterben
wie die Fliegen, fällt mir ein,
wer und woran,
und wann.

Unentwegt
Hommage à Meyer

Wieder die weißen Segel gespannt,
wieder hinüber zu anderem Land.

Unentwegt wieder angefangen,
wieder hart an den Wind gegangen.

Viel das mich freut, viel das mich reut.
Unwiederbringlich umfließt mich die Zeit.

Kreuzschlag um Kreuzschlag, Wende um Wende
halte ich Kurs, doch zu welchem Ende?

Asphodelen

Wellen
weißer Blütenähren,
wie wenn hier Persephone ging,
weit wie die an Hängen hingestreckten
Inselwiesen in Elysische Felder
wandelnd mit dem beständigen
Blick auf das Meer.

Symbol

Die Sternsysteme bewegen
Sich von uns weg

je weiter
je schneller,

auseinander lebend,
vergleichen wir unsere Zeichen.

Aus Euterpe Nr.7, 1989

Bateau-Mouche

Lichtgeflügelt
auf nächtlichem Wasser
gleiten, lautlos
auf spiegelndem Fluss

mit Lichtfühlern
Schlösser, Kirchen und Wolken
streifen, sich
durch die Lichterstadt tasten.

Im Grand Palais

Im Grand Palais
Die Revolution,
sauber zusammengetragen
zum Bicentenaire,

Saal an Saal,
Bild an Bild,
die einen, die andern,
die Opfer, die Täter,

ein glatter Typ,
dieser Robespierre,
korrekt gekleidet, penibel gebürstet,

ein richtig irrer,
moderner Typ,
gepflegt fanatisch,
wahnsinnig cool,

stets up to date,
die pedantisch zeitgemäßen
 Vertreter des Fortschritts,
Agenten der Menschheit,

intelligent genug
sich durchzusetzen,
nicht klug genug,
zu durchschaun, was sie tun,

und überall irgend-
welche, die jubeln,

und überall irgend-
welche, die leiden,

sauber zusammengetragen,
das Ganze
in kühlen Räumen
im Grand Palais.

Gewaltig

Im 16. Arrondissement
ein strenges Bauwerk,
die Türen gewaltig
verschlossen, wer hier
gefangen ist, hat nichts
zu lachen, singen, sagen,
lesen nur auf Kommando,
Bewegungen auf Befehl,
von 8 Uhr pünktlich bis
16. Uhr 30, Tag für Tag,
auf dem engen Trottoir
warten auf die
Stunde der Entlassung
Angehörige und Au pairs,

schlüsselbundrasselnd
kommt die Concierge,
eine starke Frau,
und öffnet die Tür
den gesitteten Kindern,
die hier, wie man sagt,
für das Leben lernen,
über dem großen Portal
in Stein gemeißelt:
Liberté Egalité Fraternité

Malmaison

Nach der Scheidung
ließ sie seine Zimmer, wie sie waren,
das von ihm zuletzt gelesene Buch
an derselben Stelle aufgeschlagen,
den Staub entfernte sie eigenhändig,
alles blieb,
wie wenn man die Zeit anhält.

Dabei brauchte sie leben, nicht
bloß Bücher, Bilder, Musik,
Besucher aus aller Welt,
exotische Pflanzen und Tiere, Vögel,
vor ihren Fenstern
die friedlichen Schwäne.

Ich versetze mich in die Zeit,
da ich die Fotos betrachten werde,
die ich jetzt von dir mache, wie
du Fotos machst von den Rosen,
die sie einst züchtete,
als sollte alles bleiben,
wie wenn man die Zeit anhält.

Demokratie ist, wenn
die Kinder des Volkes in den Gärten
und Schlössern der früher Herrschenden spielen,
meinen wir, über die Wiesen der Parklandschaft
zum Bois-Préau hinüberschlendernd
wo ihr Hausarzt wohnte, der ihr zuletzt
auch nicht mehr helfen konnte,
auf dunklem Wasser
die friedlichen Schwäne.

Arc de Triomphe

Zu viele
drängeln sich um den
Arc de Triomphe, endlich
hast du es geschafft, bist drin
im Kreis derer, die es geschafft haben,
stößt fast zusammen mit denen links
und rechts und den viel zu vielen, die auch
noch hineindrängen, von allen Seiten Stoß-
an Stoßstange sich quetschen, rücksichtslos los-
preschen, rein in den Stau, da kannst du
von Triumpf sagen, wenn du endlich
wieder draußen bist
aus dem Gewühl
irgendwie wieder
frei.

Aus Euterpe Nr. 9, 1991

Lyrischer Vogel

Unzeitgemäß singt
eine Amsel vom Dachfirst
in den Verkehrslärm.

Erfolgsmeldung

Kakteen haben die Festung erobert
ohne Sturm im Feuer der Sonne, furchtlos
lassen sie hinter sich Licht und Wärme abstrahlende
Mauern zerbröckeln, Wachtürme brauchen sie nicht,
sie schützen sich einfach, indem sie leben,
bieten selbst Schutz den brütenden Vögeln
und zierlichen Eidechsen, spüren
das Nahen der Tiere, Ziegen
mit Zungen und Zähnen
kommen und gehen.

Aus Euterpe 10, 1992

Stiller Frühling

Aber mit Musik
(Stopft euch den Walkman rein,
dann stören euch nicht die paar
übriggebliebenen Vogelstimmen)!

Johannisbrotbaum

Johannisbrotbaum, ein Sommertraum,
bietet so schöne schattige Sitze,
lädt ein in der öden Mittagshitze.

Johannisbrotbaum, ein Wintertraum,
wenn Regenschauer heruntergehn,
the rain in Spain stays mainly in the plain.

Johannisbrotbaum, ein Wüstentraum,
voll nahrhafter Schoten in trockenen Weiten,
die essen die Armen zu allen Zeiten.

Johannisbrotbaum, ein Kindertraum,
wie viele Karate Gold und Juwelen,
da muss man genau die Bohnen zählen.

Kleine Poetik

Gedichte,
die man mehrmals liest
und trotzdem vergisst,
kann man vergessen.

Gedichte,
die man einmal hört
und nicht mehr verliert,
kann man behalten.

Gesang der Sirenen

Sirenen, bloß
Probealarm, never mind, verstropft euch
die Ohren, aber mit Musik, seid unbesorgt,
keine Spielverderber, Krieg gibt es heute
nicht mehr, wir gehen friedlich
zugrunde, aber heiter und mit Musik,
und gesetzt selbst den Ernstfall, was wäre
zu tun, die schöne Musik, unbesorgt,
der dänische Lachs vorzüglich,
der russische Sekt karascho,
die indischen Mangos blendend,
dies flotte Schiff ist keine Arche, ihr
seid nicht Noah, ihr seid unbesorgt,
schiebt den Schuldenberg vor euch her,
amüsiert euch zu Tode, ihr habt es
verdient, euch ging es noch nie so
gut, euer Wachstum kennt nichts, grenzen-
los, expandiert bis zur Wüste Gobi, wer
könnte euch aufhalten, morgen
die ganze Welt, unbesorgt, unentsorgt,
wollt ihr den totalen Ulk, wollt ihr
ein noch größeres Musikfestival,
Rockfestval, Schockfestval?
Jeder hat das Recht, seine eigene
Hinrichtungsart frei zu wählen!
Ready! Aim! Feier!

Poetische Gärten / Euterpe 2008

Serenade an der Ostsee

Manchmal ist es so lautlos in meinem Garten, als sei die
lärmende Welt gerade eben abgeschaltet worden.
Auch der Wind schweigt.
Da setzt die Amsel ein und malt ihre Melodie als
Ornament in die Stille.
Ich möchte es fassen. Serenade für Amsel und
Streichorchester. Zuerst ein Teppich von Blumenbeeten,
pianissimo, daraus die Stimme der Solistin sich erhebt.
Ihr Thema ist biegsam, wird durchgeführt, variiert.
Eine Rohrammer aus dem Schilf fragt an, psalmodierend
und taktübergreifend. Die Amsel bleibt bei sich, bringt
träumerisch eine neue Strophe.
Auch mein Lied singt. Jede Modulation wird Verführung.
Sie nimmt mich mit, ich finde kein Zurück.
Die Gruppe schattiger Buchen sammelt sich rhythmisch zu
Skulpturen aus Bässen, nicht zu monumental, stützt die
zerfließenden Streicherstriche der gelben Felder.
Es geht um die Amsel. Ihr Lied löst sich nun auf im weichen
Licht der späten Sonne. Behutsam bindet es Farben und Linien
und löscht sie.
Der Abgesang vollendet sich nicht. Just jetzt lässt die
Sängerin mich allein und fliegt aus meinen Klängen.

Damals im Schillergarten

Das flirrende Licht des Schillergartens,
tanzende Baumschatten unter den Linden,
Stimmengewirr an den Gartentischen
des Gästegartens unseres Ausflugslokals
an der Oder, juchzende Damen, während
Unerhörtes geschah, unsichtbar, anderswo,
verdeckte Gespräche, abgerissene Worte,
Gartenkonzert der Kapelle Fliedner,
auf der Bühne der Gartenkolonade
sang der Kapellmeister in den Trichter
Lippen schweigen, Lehar, Die lustige Witwe,
Lieblingswalzer meiner Mutter, es gab
Streuselkuchen, von Oma selbst gebacken,
Apfelstrudel, Windbeutel mit Sahne, aber
jenseits der Tische bei den Holunderbüschen
das explodierende Springkraut, aufplatzend,
wenn man es anfasste, schreckhaft
die Mückenlarven im Wasser der Regentonne,
schnell wegtauchend, wenn man herantrat,
Spinnen im wilden Wein, Mückenschwärme,
weit hinten im Schuppen die Weberknechte,
denen, wenn man sie anfasste, Beine abfielen,
was alles im Hellen und Dunklen geschah,
Frau Ventur brachte Kaffee und Kuchen,
blau blühte der Flieder am Zaun entlang
stark duftend, dahinter Spaziergänger.
Plötzlich die Blitzschrift über der Oder, Donner.
Da ging der schöne Tag schnell zu Ende.

Das Kind und das Schöllkraut

An der einsamsten Stelle des Gartens,
wo außer mir kein Mensch hinkam,
hinter dem Tanzsaal, dicht
an der hellen warmen Mauer
wuchs das Schöllkraut.

Der Boden war kalkig
von abgeblättertem Putz,
Schnecken schoben darüber
auf ihrer Schleimspur,
unter den Steinen wimmelten Asseln,
hier fühlte sich das Schöllkraut wohl,
es breitete sich aus und sonnte sich,
reckte und streckte sich, wuchs
und wuchs und blühte, blühte
und

blutete,
wenn ich die Blüten und Blätter pflückte,
unglaublich gelb.

Ich brach einen großen Stängel
und schrieb mit Schöllkrautblut
geheime Zeichen auf die Mauer
an dieser einsamsten Stelle des Gartens,
Zeichen, die niemand verstehen sollte,
nur ich und das Schöllkraut.

Im Park
Zu einem Bild von Ursula Rieffert

Licht und Schatten spielen im Park von Wolfenbüttel
mit hellen und dunklen Bäumen, Wiese und Sandweg
leuchten, Widerspiele das aufgeklärten Himmels.
Wenige Schritte von hier entfernt war die Schule,
die meine neue Heimat wurde nach Krieg und Flucht,
damals, als der große Schatten auf Deutschland fiel.
Hier in der Lessingstadt gab es keine Zerstörung,
alles natürlich und schön, alles heil geblieben,
freundliches Lichtspiel mit freundlichen Schatten,
ein kleines Wunder, ein Bild des Friedens.

Sonnenblumen
Zu einem Bild von Friedrich Laubengeiger

Sturmgeschüttelt, vom Seewind zerzaust, trotzdem
die Blätter wie Segel gespannt in die Salzluft Nordfrieslands,
die Leuchtfeuerblüten kraftvoll sich behauptend,
Ebenbilder der Sonne. Selbst im Gewitter.

Kleiner Exkurs
eines Ornithologen
über den Buchfinken

Der Buchfink
sei ein ganz edler Vogel, er singe
mehr als die andern, man höre und staune:
zwölftausendmal täglich, der Rekord
liege bei achtundzwanzigtausendmal.

Das sei eine ziemliche Arbeit. Dazu
der Kampf gegen rivalisierende Männchen
um das Revier, um das Weibchen,
das Nest bauen, das Futter suchen,

sich um die Kinder kümmern.
Nicht leicht, so ein Buchfinkenmann zu sein,
die Lebenserwartung drei bis fünf Jahre,
und dabei immer singen.

Im düstern Brook

Im düstern Brook
beobachtet mich
ein rothaariges Eichhörnchen
bei der Suche nach der verlorenen Zeit.
Hintere den Bäumen
auf dem Wasser der Förde
verschwimmt die Fähre
ans andere Ufer

Inhalt

Der Pilot 7
Endstation 8
Alles aussteigen 9
Advent 10
Geschmacksfragen 11
Verwandlungen 12
Während 13
Das Ende 15
Rede des Daedalus von der Kanzel 16
Damals in Oswitz 17
Breslau im Sonnenlicht 20
Amanita Muscaria 22
Linde in Oswitz 23
So so 25
Der verlorene Bruder 26
Starke Strömung 27
Es war einmal 28
Mutterkreuz 29
Gewitter 1945 30
Eine Flüchtlingsfrau 31
Feuertaufe 32
Weihnachten 1940 33
Oder, mein Fluss 34
Nachts 36
Der kleine Pimpf 37
Wir 38
Die Tänzerin 39
Antoinettenruh 40
Unter den Linden, damals 41
Gewitter 1945 42
Aufräumen 43
Neuer Weg 44
Was bleibt 46
Bikini. Toll 48
Berlin-Zehlendorf 55
Protokoll über Kafka 56
Unentwegt 57

Innerer Kreis	58
Kleiner Vorbehalt	59
Symbolik	60
Nistplatz Universum	61
Theodizee	62
Fliehkraft	63
Campanula rupestris	64
Gefunden in Wien	65
Ferdinand Georg Waldmüller	66
Franz Eybl 1850	67
Natur	68
Seestück	69
Walzwerk	70
Weg zum Ufer	71
Tier des Jahres	72
Unsere Mutter	73
Novembernacht	74
Schwedenhaus	75
Freiheit, Gleichheit, Brüderlichkeit	76
Meine Linde	77
Ein Bild von Friedrich Laubengeiger	78
März	79
Eine TV-Einladung	80
Nachtigall	81
Eine Dichterin	82
Flower power	83
Fahrt durch die Nacht mit zwei Elfen	84
Bella Bellissima	85
Schreie	86
Der große Zauberer lässt die Jungfrau schweben	87
Fliegenpilz	88
Ein Sänger	89
Gefunden	91

Veröffentlichungen in Anthologien

unsere kinder schützen vor dem regen 95
vom tanz der schmetterlinge 96
larvenspiel 97
hölderlins turm 98
trakls siebengesang 99
eichenwald 100
krüppelkiefern 101
Ohne den guten Stern 102
Wie die Fliegen 103
Unentwegt 104
Asphodelen 105
Symbol 106
Bateau-Mouche 107
Im Grand Palais 108
Gewaltig 110
Malmaison 111
Arc de Triomphe 112
Lyrischer Vogel 113
Erfolgsmeldung 114
Stiller Frühling 115
Johannisbrotbaum 116
Kleine Poetik 117
Gesang der Sirenen 118
Serenade an der Ostsee 119
Damals im Schillergarten 120
Das Kind und das Schöllkraut 121
Im Park 122
Sonnenblumen 123
Kleiner Exkurs eines Ornithologen über den Buchfinken 124
Im düstern Brook 125